[1] Rathaus

Das herrschaftliche Rathaus in der Fußgängerzone der Oberen Königsstraße ist Ausgangspunkt des Stadtspaziergangs. Auch wenn es barock anmutet, wurde das Rathaus erst 1905–1909 erbaut. Sein Vorgänger, das 1837 erbaute »französische Rathaus« in der Oberen Karlsstraße gegenüber dem heutigen Rathaus, war für die Stadtverwaltung zu klein geworden. Durch die Bauweise fügte sich das neue Gebäude ein in die von den Hugenotten im französischen Stil gestaltete Oberneustadt. Im Zweiten Weltkrieg wurde es wie fast die ganze Innenstadt stark zerstört, aber im Gegensatz zu anderen Gebäuden im alten Stil wiederaufgebaut. Die Freitreppe wird von zwei vergoldeten Löwen flankiert, über dem Eingangsportal ist das Kasseler Stadtwappen angebracht.

Der Brunnen vor dem Rathaus, den der jüdische Unternehmer Sigmund Aschrott der Stadt anlässlich des Neubaus gestiftet hatte, wurde schon vor dem Krieg, am 9. April 1939, von den Nationalsozialisten zerstört. Die ursprüngliche Pyramide wurde nach dem Krieg nicht wiederaufgebaut, das verbliebene Brunnenbecken diente als Blumenbeet mit Springbrunnen. Erst 1987 rekonstruierte der Künstler Horst Hoheisel die Pyramidenform als Mahnmal und versenkte sie während der documenta 8 als Negativform spiegelbildlich

Sigmund Aschrott
1826–1915, Bankier, Immobilienunternehmer, Mäzen. In Hochheim am Main geboren, war Aschrott vor allem in Kassel tätig. Er baute – zunächst von einem Konsortium, später von ihm selbst vorfinanziert – Straßen und Plätze, schuf eine moderne Kanalisation und ließ zahlreiche Bäume pflanzen. Besonderes Gewicht wurde darauf gelegt, die Straßen so zu planen, dass ein Blick zum Herkules möglich war. Noch heute wird diese Sicht bei Wohnungsangeboten hervorgehoben. Wie viele Juden wurde Aschrott Opfer antisemitischer Angriffe. Heute ist Aschrotts Hauptwerk, der Stadtteil Vorderer Westen, einer der beliebtesten Wohnorte Kassels.

im Boden. Der Umriss des Brunnens ist heute auf der Plattform zu erkennen, doch nun stürzt das Wasser statt von einer zwölf Meter hohen Spitze ins Becken hinab in die dunkle Leere. Die documenta 13 (2012) nahm das Kunstwerk in ihren Kunst-Parcours auf. Im Rathaus (2. Stock) ist in einer kleinen Ausstellung ein Modell des Aschrottbrunnens von Hoheisel zu sehen.

Karlskirche

[2] Karlskirche

Tourist Information *(Wilhelmsstraße 23)*
Mo–Sa 10–18 Uhr, www.kassel-marketing.de
Glockenspiel *Mo/Mi 17.30 Uhr, So 9.30 Uhr*

Links vom Rathaus kreuzt die Wilhelmsstraße die Obere Königsstraße. Im oberen Teil findet man die Tourist Information. Der untere Teil führt am Rathaus vorbei zur Karlskirche. Das kleine Gotteshaus war einst der Mittelpunkt der Ansiedlung der hugenottischen Glaubensflüchtlinge in Nordhessen. Bis 1867 fanden hier regelmäßig Gottesdienste in französischer Sprache statt. Landgraf Karl höchstpersönlich legte 1698 den Grundstein, das Denkmal vor der Kirche erinnert an ihn. 1710 wurde die von Paul du Ry (1640–1714) errichtete Kirche eingeweiht. Auch die Karlskirche wurde im Krieg stark zerstört und wirkt heute eher unscheinbar. Doch birgt sie ein musikalisches Kleinod: ein 45-teiliges Glockenspiel, das an die Bombenopfer erinnern soll und von einem Carilloneur von Hand gespielt wird.

Karl von Hessen-Kassel *1654–1730, Landgraf. Karl regierte Hessen-Kassel ab 1675 für insgesamt 55 Jahre. Erfolgreich bemühte er sich, die Folgen des 30-jährigen Krieges für sein Land abzumildern. 1685 verkündete er eine »Freiheits-Concession«, mit der er aus Frankreich vertriebenen Hugenotten freie Ansiedlung, eigene Kirchen und Schulen versprach. 4000 französische Protestanten zogen nach Nordhessen, viele von ihnen wurden in Kassels Oberneustadt angesiedelt. Karl war auch einer der wesentlichen Gestalter des Bergparks Wilhelmshöhe, er ließ den Herkules, die Kaskaden und die Wasserspiele bauen. In seine Regierungszeit fielen zudem die Erweiterung der Moritz- zur Karlsaue sowie der Bau der Orangerie.*

[3] Friedrichsplatz

Links von der Karlskirche führt die Obere Karlsstraße zum Friedrichsplatz, der als einer der größten innerstädtischen Plätze Deutschlands gilt, obwohl er durch den vielbefahrenen Steinweg mittlerweile geteilt ist. Zunächst passiert man das Marmorstandbild von Landgraf Friedrich II., der von 1760 bis 1785 regierte und seinem Baumeister Simon Louis du Ry (1726–1799) den Auftrag gab, auf dem ehemaligen Festungsring einen Platz anzulegen, der die Altstadt mit der hugenottischen Oberneustadt verbinden sollte. Diese war ab 1688 nach Entwürfen seines Großvaters, des hugenottischen Glaubensflüchtlings Paul du Ry, angelegt worden.

Friedrichsplatz

Heute ist der Platz der zentrale Ort jeder documenta, und einige der Kunstwerke, die von der Stadt angekauft wurden, finden sich hier. Vom Denkmal rechts den Weg entlang kommt man zu einer 2 x 2 Meter breiten Sandsteinplatte, die den vertikalen Erdkilometer von Walter de Maria einfasst. Der US-Amerikaner versenkte diesen einen Kilometer langen Stab bei der documenta 6 (1977) in das Erdreich. Zu sehen ist nur der zwei Zoll breite Querschnitt des Messingstabs. Gegenüber, auf dem Portikus des ehemaligen Roten Palais, dessen Nachfolgebau heute als Bekleidungsgeschäft genutzt wird, ist eine Gruppe von Menschen unterschiedlicher Herkunft mit Gepäckstücken zu sehen. Der deutsche Künstler Thomas Schütte, der sie zur documenta 9 (1992) schuf, gab ihnen den Titel »Die Fremden«. Wer sich über die kleinen Steinblöcke am Fuße der beiden Eichen vor dem imposanten Bau des Fridericianums wundert – auch das ist Kunst, und zwar eines der bedeutendsten Werke, die die documenta in der Stadt hinterließ. Die beiden Basaltstelen und ihre Bäume gehören zum großen Kunstprojekt »7000 Eichen« von Joseph Beuys. Nur der Mann, der auf der goldenen Kugel im Turm der gegenüberliegenden Elisabethkirche (siehe S. 30) steht, gehört nicht zu den documenta-Kunstwerken: er ist eine Arbeit des Kasseler Künstlers Stephan Balkenhol.

»Die Fremden« von Thomas Schütte

[4] Fridericianum

7000 Eichen
»Stadtverwaldung statt Stadtverwaltung« nannte der Düsseldorfer Aktionskünstler Joseph Beuys (1921–1986) sein Kunstwerk zur documenta 7 (1982). Mit Unterstützung zahlreicher Freiwilliger pflanzte Beuys in den folgenden Jahren an unterschiedlichen Standorten im Stadtgebiet 7000 Bäume – zumeist Eichen –, neben die jeweils ein Basaltstein gesetzt wurde. Da diese Stelen zunächst als riesiger keilförmiger Steinberg vor dem Fridericianum gelagert wurden, stieß das werdende Kunstwerk in Teilen der Bevölkerung auf Unverständnis, ja Ablehnung. 1987 zur documenta 8 gelang es mit dem Abschluss aber doch, das urbane Stadtbild positiv zu verändern.

Ausstellungshalle *Di–So 11–18 Uhr*
Kasseler Kunstverein *Mi–So 11–18 Uhr*

Das Fridericianum ist der erste rein klassizistische Bau Deutschlands und eines der ersten Museen auf dem europäischen Kontinent. Seit Arnold Bode 1955 die erste documenta im Fridericianum ausrichtete, ist das imposante Gebäude das Herzstück der Weltkunstausstellung. Es entstand 1769–1779 nach Plänen von Simon Louis du Ry und wurde nach seinem Stifter Landgraf Friedrich II. benannt. Besonders beeindruckend sind der Säulenportikus und die Balustrade mit sechs von den Brüdern Heyd und Samuel Nahl d.J. geschaffenen Figuren. Der Landgraf stellte hier zunächst seine Schätze und Raritäten aus und machte sie der Öffentlichkeit zugänglich. 1810–1813 wurde das Fridericianum als Ständehaus genutzt. Außerdem wurde die ab 1580 zusammengetragene fürstliche Bibliothek, mittlerweile Landesbibliothek, dort untergebracht, in der ab 1814 Jacob und Wilhelm Grimm als Bibliothekare arbeiteten. Im Zweiten Weltkrieg brannte das Gebäude aus. Dabei wurden 350 000 Bücher zerstört.

Der Zwehrenturm, der sich direkt an das Fridericianum anschließt, ist wesentlich älter (1330). 1665 wurde er erneuert und 1707 zur Sternwarte umgebaut. Zwischen den Weltkunstausstellungen werden hier Sonderausstellungen gezeigt. An die documenta erinnert ein Kunstwerk, das zu Kassels Wahrzeichen zählt: der »Laserscape« von Horst H. Baumann, den dieser zur documenta 6 (1977) auf dem Zwehrenturm installierte. Jeden Samstagabend verbinden farbige Laserstrahlen am Himmel bedeutende Kulturstätten Kassels. Gleichzeitig ist das Fridericianum auch Sitz des Kasseler Kunstvereins, der ebenfalls Wechselausstellungen zur Gegenwartskunst präsentiert.

[5] Treppenstraße

Vom Friedrichsplatz führt unser Rundgang am Roten Palais vorbei zur Treppenstraße. Sie gilt als erste Fußgängerzone Deutschlands und wurde 1953/55 angelegt, um den Friedrichsplatz mit dem damaligen Hauptbahnhof (heute Kulturbahnhof) zu verbinden. Als städtebauliche Neuerung diente sie auch als Filmkulisse. Damals wie heute lädt die lockere Bebauung auf den 300 Metern mit vielen Blumeninseln, zahlreichen Cafés und kleinen Läden zum Flanieren ein und überbrückt dabei einen Höhenunterschied von 15 Metern bis hoch zum Scheidemann-Platz. Dieser erinnert an den aus Kassel stammenden Reichskanzler und Oberbürgermeister der Stadt, Philipp Scheidemann (1865–1939).

Kassel als Filmstadt
Besonders in den 1950er Jahren war Kassel eine beliebte Filmstadt. Dies hatte seinen Grund in der malerischen Kulisse des Bergparks und den städtischen Ruinen der Kriegszeit. Hinzu kam die Nähe zur Deutschen Filmausbauanstalt in Göttingen. So entstanden in Kassel z.B. »Ohne Dich wird es Nacht« (1956) mit dem Regisseur und Hauptdarsteller Curd Jürgens, der Komödienklassiker »Natürlich die Autofahrer« (1959) mit Heinz Erhardt und Peter Frankenfeld sowie »Rosen für den Staatsanwalt« (1959) als einer der wichtigsten politischen Nachkriegsfilme mit Walter Giller, Martin Held und Ingrid van Bergen, gedreht u.a. in der Treppenstraße und auf dem Florentiner Platz.

[6] Stadtmuseum

Di–So 10–17 Uhr, Mi 10–20 Uhr

Nach dem ersten Teil der Treppenstraße biegt man nach links ab und folgt der Wolfsschlucht, vorbei am Florentiner Platz bis zum oberen Teil der Wilhelmsstraße und dem Ständeplatz. Das 1834/36 erbaute Ständehaus, das heute den Landeswohlfahrtsverband beherbergt, diente bis 1866 als kurhessisches Parlamentsgebäude. Nebenan liegt das grundsanierte und 2016 wiedereröffnete Stadtmuseum. Es zeigt die Geschichte der Stadt Kassel, ihren Aufstieg zur Residenzstadt mit prachtvollen Bauten, ihre fast völlige Zerstörung im Zweiten Weltkrieg und ihren schnellen Wiederaufbau in den 1950er Jahren.

Im Erdgeschoss beginnt die Ausstellung mit der Ersterwähnung der Stadt im Jahr 913. Mithilfe des ältesten Stadtplans von Kassel aus dem Jahr 1547 kann man sich die damalige Altstadt vorstellen. Das erste Obergeschoss ist dem Aufstieg des Bürgertums im 19. Jahrhundert gewidmet. Im zweiten Obergeschoss lautet das Thema Krieg und Frieden, beginnend mit dem Ersten Weltkrieg bis hin zur Zerstörung Kassels im Zweiten Weltkrieg. Ein Modell der Ruinenlandschaft mahnt zum Gedenken. Das Ende der Dauerausstellung beleuchtet den Mauerfall, der für Kassel als langjährige Stadt im »Zonenrandgebiet« neue Chancen eröffnete.

Zweiter Weltkrieg
Das industriell geprägte Kassel war mehrfach Ziel schwerer Bombenangriffe. Der verheerendste war das Flächenbombardement am 22. Oktober 1943. 560 Bomber griffen die mittelalterliche Altstadt an. Zunächst wurden Tausende Sprengbomben und Luftminen abgeworfen, deren Explosionen Dächer, Fenster und Türen der Fachwerkgebäude aufrissen. Über 420 000 Stabbrandbomben setzten dann fast die gesamte Altstadt in Brand. Man nimmt an, dass bei diesem Angriff bis zu 10 000 Menschen ums Leben kamen. Während die schwer getroffene Industrie bereits im März 1944 wieder ihren alten Produktionsstand erreicht haben soll, waren 97 Prozent der Altstadt zerstört.

[7] Kulturbahnhof

***Spohr Museum** Sa–Mo 10–16 Uhr*

Der Vorplatz des Kulturbahnhofs ist nach Rainer Dierichs (1939–2007) benannt, dem langjährigen Kasseler Zeitungsverleger und Kulturförderer. Prominentester Passant ist hier der »Man walking to the sky«, ebenfalls ein documenta-Kunstwerk. Ein Mann schreitet zügig auf einem 25 Meter langen Rohr in den Himmel hinauf, weshalb das Kunstwerk vom Volksmund auch schlicht »Himmelsstürmer« genannt wird. Der US-amerikanische Künstler Jonathan Borofsky schuf es zur documenta 9 (1992), und die Kasseler Bürger waren davon so begeistert, dass sie für den Ankauf der Arbeit spendeten.

Der Kulturbahnhof, der seine Funktion als Hauptbahnhof 1991 an den IC-Bahnhof in Kassel-Wilhelmshöhe abgegeben hat, dient heute als Regionalbahnhof, vor allem aber als Kulturinstitution. Im Bahnhof führt eine Treppe zum Programmkino »BALi«. Daneben liegt das Studio des Offenen Kanals, eines Bürgerfernsehens. An jedem ersten Sonntag im Monat kann man hier an dem »Alter Bahnhof Video Walk« teilnehmen, den das kanadische Künstlerpaar Janet Cardiff und Georges Bures Miller zur documenta 13 (2012) schuf – ein interaktives Vergnügen, bei dem historische Aufnahmen von

Louis Spohr
1784–1859, Komponist und Dirigent. Neben dem Italiener Niccolò Paganini war Spohr einer der großen Violinvirtuosen des frühen 19. Jahrhunderts. Nach beruflichen Stationen u.a. in Wien, Frankfurt und Dresden wurde er 1822 als Hofkapellmeister nach Kassel berufen, wo er die Oper zu einem der führenden Häuser Deutschlands machte. Er wohnte in einem repräsentativen Haus vor dem Kölnischen Tor, heute Spohrstraße. Als der 1847 zum Ehrenbürger ernannte Spohr starb, trauerte ganz Kassel um ihn. Die Musikakademie der Stadt trägt heute Spohrs Namen, das Spohr-Museum widmet sich seinem Werk.

Szenen überlagert werden, die sich aktuell im Bahnhof abspielen (Anmeldung stadtmuseum@kassel.de oder Tel. 0561 7 87 41 01).

Ebenfalls im Bahnhof hat das Kasseler Architekturzentrum KAZ eine Heimat gefunden. Im Südflügel befindet sich das Spohr Museum, das Kassels berühmtem Komponisten gewidmet ist. Hinter dem Bahnhofsgebäude, wo einst Güter verladen wurden, liegt das Areal der sogenannten Nachrichtenmeisterei, eines Zusammenschlusses von Kreativen.

Eingang zur Caricatura

[8] Caricatura

Di–Sa 12–19 Uhr, So 10–19 Uhr

Vor dem Eingang des Kulturbahnhofs findet sich rechts ein Vorbau mit dem Zugang zur Caricatura, einer der ersten Galerien für Komische Kunst mit wechselnden Ausstellungen und einer Bar. Bereits 1987 gegründet, hat sie seit 1995 ihren festen Standort im Kulturbahnhof und gilt als eine der besten Adressen für satirische Kunst in Deutschland. Bekannte Karikaturisten wie F.K. Waechter, Gerhard Haderer und Martin Perscheid haben hier bereits ihre Cartoons ausgestellt.

Gegenüber dem Kulturbahnhof liegt das Hotel Reiss, das seinen Charme aus den 1950er Jahren bewahrt hat. Damals war Kassel Drehort für einige Kinofilme, und die Stars und Sternchen pflegten im »Reiss« zu nächtigen. Heute bietet es noch einen schönen Ballsaal. Die Werner-Hilpert-Straße hinunter führt der Weg am Szenelokal »A.R.M.« vorbei, das in den Sommermonaten mit einem idyllischen Biergarten Flaneure jeglichen Alters lockt. Biegt man danach links in die Erzberger Straße ein, so stößt man auf die älteste Videothek Deutschlands, die wirklich jeden Film besitzt. Anschließend folgt man der Großen und der Kleinen Rosenstraße zur Lutherkirche.

Bundessozialgericht
Wenn in Deutschland Fragen der sozialen Sicherheit juristisch zu entscheiden sind, richtet sich das Augenmerk der Öffentlichkeit regelmäßig nach Kassel, wo seit 1954 das Bundessozialgericht arbeitet. Es hat seinen Sitz in der Nähe des Bahnhofes Kassel-Wilhelmshöhe am Graf-Bernadotte-Platz in einem Gebäude, das 1938 als Wehrkreiskommando eröffnet wurde. Der Volksmund nennt das neoklassizistische Gebäude deshalb bis heute »Generalkommando«. Um die Nazi-Architektur symbolisch zu brechen, wurde bei der Sanierung der Eingangsbereich zur Wilhelmshöher Allee verlegt und ein transparent gestalteter Sitzungssaal im Innenhof geschaffen. Auch das Bundesarbeitsgericht hatte seinen Sitz einst in Kassel, nach der Wiedervereinigung zog es jedoch nach Erfurt.

[9] Lutherkirche

Von dieser Kirche ist nur der Turm erhalten, die restlichen Gebäudeteile fielen dem Bombenangriff im Oktober 1943 zum Opfer. Das Gotteshaus, das auf dem ehemaligen Altstädter Friedhof liegt, wurde unter Leitung des Kunstprofessors Hugo Schneider, des »letzten

ZONE

Gotikers Deutschlands«, erbaut und 1897 eingeweiht. Im Turm ist ein Restaurant untergebracht, und im angrenzenden Gebäude aus dem Jahr 1970 organisiert die evangelische Kirche Jugendgottesdienste.

Gegenüber den Gebäuden liegt ein verwunschener kleiner Friedhof. Es wird vermutet, dass er bereits 1564 als solcher genutzt wurde. Einige der bedeutendsten Grabmale sind heute im Sepulkralmuseum (siehe S. 36) zu besichtigen. Die Gräber der Familie Grimm hingegen, der Mutter Dorothea (gest. 1808) und der Schwester Lotte (gest. 1843), finden sich immer noch hier. Wie sie erhielt auch ihre Schwägerin, die erste Frau des Malers Ludwig Emil Grimm, ein von Bronzeengeln verziertes Grab. Diese Engel schuf der Künstler Werner Henschel aus der bekannten Kasseler Industriellen-Familie. Von ihm stammen auch die vier Engel, die das Kindergrab der Familie Reichenbach bewachen (Eingang Spohrstraße).

[10] Martinskirche

9–17 Uhr

Vom Lutherplatz führt die Hedwigstraße über die Fußgängerzone hinweg zur Martinskirche. Sie ist Kassels größte Kirche, in der auch der Bischof der Evangelischen Kirche von Kurhessen-Waldeck regelmäßig predigt. Mit ihrem Bau wurde 1364 begonnen, im Laufe der Jahrhunderte veränderte sie mehrfach ihr Aussehen. Die Kirche stellte früh den geistigen Mittelpunkt des alten Kassels dar. Sie war nicht als gewöhnliche Pfarrkirche erbaut worden, sondern die Baumeister orientierten sich am Modell eines Doms. Bei ihrer Einweihung war sie noch längst nicht fertiggestellt, und als gar im Jahr 1440 das mittlere Gewölbe während eines Gottesdienstes einstürzte, verzögerte sich der Abschluss um weitere Jahrzehnte. Als Landgraf Philipp der Großmütige 1525/26 die Reformation einführte, wurde das Stift aufgelöst, und die Martinskirche diente nur noch als Pfarrkirche. Nach dem Tod Philipps wurde für ihn und seine Frau in der Kirche ein Grabdenkmal aus Marmor und Alabaster errichtet, das das Ehepaar zeigt. 1889/92 erhielt die Kirche schließlich noch zwei Türme im neugotischen Stil.

In der Bombennacht vom Oktober 1943 brannte die Martinskirche bis auf die Außenmauern und die

Henschel
Die Kasseler Industriellenfamilie prägte über Generationen das wirtschaftliche Geschehen der Stadt. 1810 als Gießerei gegründet, war das Unternehmen zeitweise einer der bedeutendsten Hersteller von Lokomotiven in Europa, auch Rüstungsgüter wie Panzer und Flugmotoren wurden hier gebaut, ebenso – bis in die 1970er Jahre – Lastwagen und Omnibusse. Vom ursprünglichen Konzern existieren heute nur noch zahlreiche Nachfolgeunternehmen. Im Technik-Museum auf dem ehemaligen Henschel-Werksgelände im Stadtteil Rothenditmold (Wolfhager Straße 109, Tel. 0561 8 01 72 50) werden zahlreiche Schienenfahrzeuge, Dampfwalzen und der Prototyp des Transrapid gezeigt. Das alte Gießhaus der Firma an der Mönchebergstraße 5 ist eines der wenigen erhaltenen Baudenkmäler aus der Zeit der Frühindustrialisierung. Es dient heute der Universität als Veranstaltungsort.

Philipp I., 1504–1567, Landgraf. 1526 rief Philipp eine Synode zusammen, die die Reformation in Hessen beschloss. Klöster wurden säkularisiert, teilweise in Hospitäler umgewandelt, in Marburg entstand eine evangelische Universität. 1531 gehörte Philipp zu den Gründern des gegen den katholischen Kaiser gerichteten Schmalkaldischen Bundes. 1540 schloss er eine Nebenehe mit Margarete von der Saale, die Trauung vollzog ein evangelischer Pfarrer, der Reformator Melanchthon war ebenfalls anwesend. Wegen Bigamie auf die Gnade des Kaisers angewiesen, musste Philipp diesem Zugeständnisse machen und nahm auch eine Schwächung der Reformation in Kauf.

Turmstümpfe nieder. Beim Wiederaufbau 1954/58 erhielt sie ihre beiden heute so markanten Türme. Der wiederhergestellte Kirchenraum wurde durch einen verglasten Lettner in zwei Räume geteilt: in den alten Chorraum mit etwa 200 Plätzen und in die neu gestaltete Hauptkirche mit etwa 1500 Plätzen. Über dem Haupteingang ist ein Relief des Heiligen Martin angebracht. Das Epitaph Philipps des Großmütigen wurde in die Mitte des Längsschiffs verlegt. Seine Gruft unter dem Chorraum, in der bis 1637 alle Landgrafen von Hessen-Kassel und ihre Angehörigen beigesetzt wurden, ist seit dem Zweiten Weltkrieg unzugänglich vermauert. Eine zweite Gruft, in der 1640 Wilhelm V. beigesetzt wurde, kann nach Absprache besichtigt werden. Hier stehen auch die Särge von Landgraf Karl und seiner Frau Amalia von Kurland.

Neues Schmuckstück des Innenraums ist die 2017 eingeweihte Orgel der Orgelbaufirma Rieger und des Künstlers Ingve Holen. Sie gilt mit 7000 Pfeifen als größte Orgel Deutschlands.

Außen an der Nordwand der Martinskirche wurden Nachgüsse eines Bronzereliefs angebracht, das ursprünglich den Sockel des einst an diesem Platz stehenden Philipp-Denkmals zierte. Sie zeigen das Marburger Religionsgespräch von 1529 mit den Reformatoren und Landgraf Philipp sowie dessen Gefangennahme bei Halle 1547.

[11] Druselturm

Der Druselturm stammt vermutlich aus dem Jahr 1415. Er zählt zu den ältesten Bauwerken der Stadt und gehörte einst zur Befestigungsmauer. Seinen Namen erhielt er durch den Bach Drusel, der die Stadtmauer umspülte. Der heute pittoresk wirkende Turm hat eine dunkle Vergangenheit: Er diente als Gefängnis mit tiefen Verliesen. Wie in einen Brunnen wurden die Gefangenen durch ein Loch hinabgelassen. Erst Landgraf Philipp der Großmütige, der als Gefangener des Kaisers 1552 in den Niederlanden selbst die Härte der Haft erfahren hatte, erbarmte sich und sorgte dafür, dass die Zellen beheizbar wurden. Einen Eindruck von der alten Stadtmauer erhält man übrigens, wenn man dem farbigen Pflaster im Bereich Hedwigstraße zwischen Unterer Königsstraße und Oberster Gasse folgt.

[12] Königsplatz

Der schon 1767 von Simon Louis du Ry kreisrund angelegte Königsplatz bildet neben dem Friedrichsplatz noch heute das Zentrum der Stadt. Er liegt an der Stelle einer Bastion des ehemaligen Festungsrings, der die Stadt vor einer Eroberung im 30-jährigen Krieg bewahrt hatte. Nur noch das Gebäude einer Bank erzählt von der

prunkvollen Vergangenheit des Platzes, an dem (anstelle der Einkaufsgalerie City-Point) einst ein Gasthaus stand, wo neben anderen auch Johann Wolfgang von Goethe mehrmals speiste und die Schönheit der Stadt lobte.

1992 wurde auf dem Platz eine riesige Holztreppe als Kunstwerk der Stadt aufgestellt, protegiert von dem damaligen documenta-Leiter Jan Hoet. Doch die Treppe wurde von den Bürgern nicht angenommen und von der Stadt kaum gepflegt. Schließlich wurde sie im Jahr 2000 in einer Nachtaktion von der Stadtverwaltung abgerissen, was einen langen Rechtsstreit mit dem Künstler zur Folge hatte. Danach wurde der Platz abermals umgestaltet und erhielt einen Ring aus Platanen und Wasserspeiern, die in den Sommermonaten von 5 bis 1 Uhr in Betrieb sind.

Wo heute ein Bioladen seine Waren anbietet, befand sich bis 2000 das Kino Kaskade mit einer Attraktion: Vor jeder Filmvorführung gab es Wasserspiele mit Musik einer Lichtorgel. Das Kino konnte trotz einer Bürgerinitiative nicht gerettet werden, aber Reste davon sind in dem Laden noch zu bestaunen. Wer mehr über seine Geschichte erfahren möchte, sollte das Radio- und Kinomuseum in Helsa-Eschenstruth besuchen. Der Cineast Werner Baus hat hier eine faszinierende Ausstellung zusammengetragen (An der langen Wiese 2a, 34298 Helsa-Eschenstruth, geöffnet nach Anmeldung Tel. 05602 91 88 33 oder info@museum-helsa.de).

Relikte des Kinos Kaskade im Biomarkt am Königsplatz

[13] Markthalle

Do/Fr 7–18 Uhr, Sa 7–14 Uhr

Vom Königsplatz aus geht man an der einstigen Garnisonskirche (heute Restaurant) den Entenanger hinunter und kommt zur Markthalle. Sie ist im ehemaligen Marstall untergebracht, dem ältesten Museums- und Bibliotheksgebäude der Stadt. Er wurde unter der Herrschaft von Landgraf Wilhelm IV. 1591/93 im Stil der Weserrenaissance erbaut. Das Erdgeschoss wurde als Pferdestall genutzt. Das Obergeschoss hingegen diente als Lager für Kunst und Raritäten sowie für wissenschaftliche Experimente. Außerdem waren dort eine Druckerei sowie eine Münzprägeanstalt untergebracht. 1633 ließ Landgraf Wilhelm V. seine kostbare Bibliothek vom Renthof in den Marstall verlegen. Das Gebäude wurde im Zweiten Weltkrieg komplett zerstört, aber Ende der fünfziger Jahre nach historischem Vorbild wiederaufgebaut. Seit 1965 dient das Gebäude als Markthalle. Von Donnerstag bis Samstag kommen bis zu 70 regionale Markthändler hierher, um ihre Waren anzubieten. Bauern bauen ihre Stände auch auf der Außenfläche zum Graben auf. Wer in dem Markttrubel, der hier vor allem am Samstagvormittag herrscht, eine Verschnaufpause braucht, kann sich in einem der Cafés stärken, die ebenfalls in dem Gebäude untergebracht sind.

Alte Wurst

Wer aus Kassel etwas mitbringen möchte, greift gern zur »ahlen Worschd«. Für die Herstellung der zertifizierten Wurst werden mindestens 90% des Muskelfleisches der Schweine schlachtwarm verarbeitet. Als Würzmittel sind nur Salz, Zucker, Pfeffer, Salpeter, Muskat, Koriander, Piment und Knoblauch zugelassen. Nitritpökelsalz und Geschmacksverstärker sind verboten. Früher reifte die Wurst in den Lehmkammern der Fachwerkhäuser. Auch heute noch wird sie einen bis sieben Monate lang luftgetrocknet. Als kulinarische Besonderheiten von Kassel und Umgebung gelten zudem Schmandkuchen sowie Grüne Soße.

[14] Brüderkirche

Heinrich Schütz
1585–1672, Komponist. Landgraf Moritz von Hessen-Kassel entdeckte und förderte das musikalische Talent des 14-jährigen Gastwirtssohn aus Thüringen. Schütz konnte die Kasseler Hofschule besuchen und ab 1607 in Marburg Jura studieren. Dank eines Stipendiums des Landgrafen studierte er ab 1609 bei Giovanni Gabrieli in Venedig, um ab 1612 als Hoforganist in Kassel zu arbeiten. Kurze Zeit später wurde er Kapellmeister am kurfürstlichen Hof in Dresden, wo er bis zum Tod blieb. Schütz gilt als bedeutender Komponist geistlicher Vokalmusik, beeinflusst vom italienischen Stil.

Die Brüderkirche am Steinweg mit dem angrenzenden Renthof ist das älteste Gebäude in der Kasseler Innenstadt. Der Karmeliterorden erbaute hier vermutlich ab 1292 ein Kloster für die Bettelmönche. Fertiggestellt wurde die Kirche 1376. Der Stil der Hochgotik entsprach den Überzeugungen des Bettelordens. So ist die Kirche schlicht gehalten, nur über dem ehemaligen Hauptportal wurde ein fein gearbeitetes Sandsteinrelief angebracht, das die Beweinung Christi darstellt. Es entstand vermutlich um 1500. Heute finden in der Kirche, die nach ihrer Zerstörung im Zweiten Weltkrieg in ihrer ursprünglichen Form wiederhergestellt wurde, kulturelle Veranstaltungen statt. Nur der Kapitelsaal wird noch von der griechisch-orthodoxen Gemeinde für Gottesdienste genutzt.

Von dem Kloster, das nach Einführung der Reformation 1526 aufgehoben wurde, sind kaum noch Reste vorhanden. Unter Landgraf Moritz (»der Gelehrte«) wurden die Gebäude zur Hof- und Gewerbeschule umgebaut. Ihr berühmtester Schüler, Heinrich Schütz, war 1612–1617 Organist der Kasseler Hofkapelle. Aus dem Jahr 1617 stammt auch das Wappen, das sich heute über dem Eingang des sogenannten Renthofes befindet.

Es verweist auf Landgraf Moritz und seine zweite Frau Juliana Gräfin von Nassau. In jenem Jahr wurde die Hofschule zur Ritterakademie umfunktioniert.

Von 1633 bis 1653 diente das Gebäude als Sitz der Universität. Ein Familienstreit zwischen den Häusern Hessen-Kassel und Hessen-Darmstadt hatte dazu geführt, dass die ehrwürdige Universitätsstadt Marburg an die Darmstädter Linie fiel. Landgraf Wilhelm V. schloss daraufhin einen Vergleich mit den Darmstädtern und bekam das Recht zugesprochen, in Kassel eine eigene Universität zu gründen. So wurde aus der im Renthof beheimateten Ritterakademie die »Academia Casselana«. Doch die Universität blieb klein, und die Zahl der Studenten war schnell rückläufig. Nachdem Marburg 1646 von Hessen-Kassel zurückerobert worden war, dauerte es noch sieben weitere Jahre, bis der Universitätsstandort Kassel zugunsten Marburgs wieder aufgelöst wurde.

Der Name Renthof erinnert an das Gebäude am Ufer der Fulda, das Landgraf Wilhelm IV. bereits im 16. Jahrhundert als sein Rentamt erbauen ließ. Außerdem zogen ab 1670 mehrere hessische Oberbehörden und Gerichte in das erweiterte Gebäude ein. Der West- und der Südflügel stammen aus dem Jahr 1830. Von 1943 bis 2013 diente der Renthof als Altersheim, seit 2017 beherbergt er einen Hotel- und Gastronomiebetrieb.

Universität
Die heutige Universität wurde 1971 als Gesamthochschule gegründet. Seit 2003 heißt sie offiziell Universität Kassel. Schwerpunkte sind unter anderem die Umwelt-, Klima- und Energieforschung sowie die Bildungsforschung. Neben dem zentralen Campus am Holländischen Platz gibt es weitere Standorte, u.a. an der Heinrich-Plett-Straße, der Menzelstraße und der Wilhelmshöher Allee sowie im nahegelegenen Witzenhausen. Die Zahl der Studenten steigt ständig, heute sind über 25 000 an der Universität eingeschrieben, die inzwischen das gesellschaftliche Klima der Stadt mitbestimmt.

Renthof

[15] Fulda

»Kurbad Jungborn« Sommer: Mi–Sa 14–19 Uhr, So 14–18 Uhr

Geht man vom Renthof hinunter zur Fulda, gelangt man zur Anlegestelle für die Passagierschiffe, die bis Hann. Münden fahren. Gegenüber sieht man die Siedlung der Unterneustadt, deren Bauten schon etliche Architekturpreise eingeheimst haben. Das Viertel der Unterneustadt wurde – wie vieles in Kassel – durch den Bombenangriff vom Oktober 1943 ausradiert. Nachdem das Gelände lange ein öder Platz gewesen war, baute man ab 1994 auf den historischen Straßenzügen moderne Wohnsiedlungen. Der Weg, der an ihnen vorbei die Fulda entlangführt, ist nach der Juristin Elisabeth Selbert benannt, die dafür sorgte, dass die Gleichberechtigung von Männern und Frauen ins deutsche Grundgesetz aufgenommen wurde.

Elisabeth Selbert *1896–1986, Juristin. In Kassel geboren, studierte sie – damals als eine der wenigen Frauen in Deutschland – Rechtswissenschaften. Da ihr Mann wegen seiner politischen Tätigkeit arbeitslos geworden war, musste sie als Anwältin die Familie mit zwei Kindern durch die Kriegszeit bringen. 1948 wurde die SPD-Politikerin in den Parlamentarischen Rat gewählt, der das Grundgesetz ausarbeiten sollte. Unterstützt von anderen Abgeordneten und Frauenrechtsorganisationen konnte Selbert in der Verfassung den Satz durchsetzen: »Männer und Frauen sind gleichberechtigt«. Selbert arbeitete noch bis zum 85. Lebensjahr in ihrer auf Familienrecht spezialisierten Anwaltskanzlei. Seit 2009 ist der neue Sitzungssaal im Bundessozialgericht nach ihr benannt.*

Wir gehen aber nicht über die Brücke, sondern bleiben auf dieser Seite der Fulda und folgen rechts dem Weg. Dieser führt um das sogenannte Rondell herum, den ältesten Teil der Befestigungsanlage der Stadt. Diese Bastion verhinderte, dass Kassel im 30-jährigen Krieg erobert und zerstört wurde. Neben dem Zwehrenturm und dem Ottoneum soll es auch in den unterirdischen Gewölben des Rondells Inquisitionsgerichte gegeben haben, die Folterwerkzeuge wie die »Eiserne Jungfrau« einsetzten, um Geständnisse aus den Häftlingen herauszupressen. Für die Gefangenen bedeutete dies in jedem Fall den Tod. Die Messer der Maschine töteten sie; ihre Leichen wurden in die Fulda gespült. Heute hat das Rondell seinen Schrecken verloren und verströmt eher romantische Atmosphäre. Im Sommer lädt ein Biergarten ein, der einen wunderschönen Blick auf die teils beleuchtete Fulda bietet.

Weiter geht es zur Drahtbrücke, an der gerne Liebesschlösser befestigt werden. Wer Lust auf einen Kaffee bekommt, sollte einen Abstecher ins gegenüberliegende Café »Kurbad Jungborn« machen. In dem Gebäude, das einst selbst Badestätte war, befindet sich auch ein kleines Bademuseum.

Nur wenige Minuten von der Stadt entfernt erstreckt sich das Naturschutzgebiet der Fuldaaue mit dem Buga-See. Der Name stammt von der Bundesgartenschau 1981, für die aus Brachland eine 34 Hektar große Seenlandschaft geschaffen wurde.

KURBAD
JUNGBORN

*Die **documenta** gilt neben der Biennale von Venedig als weltweit wichtigste Ausstellung zeitgenössischer Kunst. Sie findet alle fünf (früher vier) Jahre statt und dauert 100 Tage. Die Ausstellung startete 1955, als Arnold Bode im Nachkriegsdeutschland die Kunst des 20. Jahrhunderts präsentieren wollte. Er zeigte im Museum Fridericianum die von den Nationalsozialisten als »entartet« diffamierte Klassische Moderne. Der Erfolg dieser Retrospektive ermutigte Bode 1959 zu einer zweiten Ausstellung. Als »Museum der 100 Tage« entwickelte sich die documenta in den Folgejahren zu einem Seismographen moderner Kunst. 2017 steht die documenta 14 an.*

[16] Spitzhacke

Nicht zu übersehen ist die riesige blaue Spitzhacke, die sich in das Ufer bohrt. Sie ist ein Werk des schwedischen Künstlers Claes Oldenburg, das er zur documenta 7 (1982) schuf. Oldenburg ist einer der prominentesten Vertreter der Kunstrichtung Pop Art. Typisch für seine Kunst ist das Verfremden von Alltagsgegenständen, indem er sie überdimensioniert darstellt und ihre Beschaffenheit verändert. So wurde aus der Spitzhacke, die der Künstler zufällig auf einer Baustelle in Kassel sah, eine zwölf Meter hohe Stahlplastik. Sie schafft nicht nur einen Bezug zu dem langjährigen und mühsamen Wiederaufbau der im Zweiten Weltkrieg zerstörten Stadt, sondern greift auch den Mythos von Kassels Wahrzeichen, dem Herkules, auf. Oldenburg wählte den Standort genau in der Verlängerung der Wilhelmshöher Allee, also jener Achse, die vom Herkules bis zur Fulda führt. Damit legte er die Grundlage für eine hübsche Anekdote, wonach Herkules, der arbeitsame antike Halbgott, die Spitzhacke anstelle seiner Keule vom Gipfel des Kasseler Bergparks hinunter an die Fulda geschleudert habe. Dort sei sie so steckengeblieben, dass die Richtung ihres Griffes direkt auf ihn deute. Auf diese Weise sei Herkules auch in der Stadt ständig präsent.

[17] Orangerie

Astronomisch-Physikalisches Kabinett
Di–So 10–17 Uhr, Do bis 20 Uhr
***Planetarium** nur bei Vorführung geöffnet,*
Anmeldung unter Tel. 0561 31 68 05 00

Die Orangerie, die zur Zucht und Überwinterung von exotischen Gewächsen diente, eröffnet dem Besucher einen weiten Blick in die Karlsaue. 1701–1711 erbaut, wurde sie mit Aufenthaltsräumen in den Eckpavillons ausgestattet, da Landgraf Karl und seine Gemahlin Maria Amalia sie als Sommerresidenz nutzten. Die langen Galerien dienten als Festsäle und zugleich zur Überwinterung für Kübelpflanzen. Im Obergeschoss befand sich der prunkvoll gestaltete Apollosaal. Das Sommerschloss erhielt eine Dachbalustrade mit Skulpturen aus der antiken Mythologie. Landgraf Karl, nach dem der Park benannt ist, ließ barock gestaltete Wassergräben und Wege anlegen, deren Achsen auf das Schloss führten. Ende des 18. Jahrhunderts gestaltete man die Anlage zum Landschaftspark um. Als 1807 die französischen Truppen Kurhessen besetzten, wurde die Orangerie als Lazarett und Magazin genutzt. 1808 versammelte hier Jérôme Bonaparte, Bruder von Napoléon, als König von Westphalen die Landesstände, bis er 1810 im Fridericianum den »Pa-

Arnold Bode
1900–1977, Maler, Raumgestalter, Kurator. Der in Kassel geborene Künstler ist Begründer der documenta, die sich seit 1955 zu einer der bedeutendsten Kunstausstellungen der Welt entwickelt hat. Der Zeichenlehrer und freie Künstler organisierte bereits in den 1920er Jahren Ausstellungen moderner Kunst. Als die Bundesgartenschau 1955 nach Kassel vergeben wurde, war auch eine begleitende Kunstausstellung geplant. Bode entwickelte dafür mit Kollegen von der Werkakademie Ideen und entdeckte die nach dem Zweiten Weltkrieg nur provisorisch gesicherte Ruine des Museums Fridericianum als Ausstellungsraum. Bode blieb bis 1968 Leiter der documenta.

last der Stände« einrichten ließ. Im Zweiten Weltkrieg wurde die Orangerie mitsamt ihrer Innenausstattung zerstört.

Bei der Bundesgartenschau 1955 stand in den Ruinen der Orangerie ein temporäres Pflanzenschauhaus. Seit der documenta 2 diente die Ruine Arnold Bode als Ausstellungsort für Skulpturen. Heute ist in dem Gebäude neben einem Gastronomiebetrieb auch das Astronomisch-Physikalische Kabinett untergebracht. Die hessischen Landgrafen mit ihrem großen Interesse an den Naturwissenschaften sammelten vermutlich ab 1635 wissenschaftliche Instrumente. So ließ Landgraf Karl innovative Vermessungsinstrumente anschaffen, um Land zu vermessen und eine gerechtere Besteuerung nach Besitz einzuführen. Er sorgte auch dafür, dass diese Geräte bei der Vermessung der Befestigungsanlagen zum Einsatz kamen. Der Landgraf interessierte sich zudem für neue Uhrentechniken, mit denen er seine Sternwarten ausstatten wollte. Heute bilden diese Exponate, die in der Dauerausstellung »Raum- und Zeitmessung 1600–1900« gezeigt werden, eine der bedeutendsten Sammlungen aus jener Zeit. Gezeigt werden u.a. Vermessungsinstrumente aus dem Jahr 1628, prächtige Uhren, Automaten und Kuriositäten wie ein lebensgroßer Maikäfer, dessen Fühler und Beine durch ein Uhrwerk bewegt werden können.

Im ehemaligen Orangerieschloss befindet sich heute auch Hessens größtes Planetarium mit modernster

Technik. Dadurch ist es möglich, dass sichtbare Sterne brillant projiziert und kosmische Welten jenseits der Sichtbarkeitsgrenze erlebbar werden. Die Vorführungen werden durch den Einsatz von Musik und Licht publikumswirksam in Szene gesetzt.

[18] Marmorbad

Apr.–Sept.: Di–So 10–17 Uhr

In dem quadratischen Gebäude links von der Orangerie können Besucher in den Sommermonaten eine der letzten erhaltenen Badeanlagen Deutschlands aus der Zeit des Barocks besichtigen. Das sogenannte Marmorbad entstand 1722–1728 als repräsentatives Badegemach im Auftrag des Landgrafen Karl. Die marmornen Skulpturen und Wandreliefs mit Erzählungen aus den »Metamorphosen« des Ovid wurden von dem Bildhauer Pierre Etienne Monnot geschaffen. Zwei Medaillons vom gleichen Bildhauer zeigen den Bauherrn und seine Frau. Zum Baden allerdings ist das Marmorbad nie genutzt worden, vielmehr diente das prunkvolle Gebäude damals dazu, Gäste mit diesem Luxus zu beeindrucken. Während der kurzen Herrschaft von Jérôme Bonaparte, der den Beinamen »König Lustig« trug, wurden im Marmorbad rauschende Feste gefeiert.

Jérôme Bonaparte
1784–1860, jüngster Bruder Napoleon Bonapartes. 1807–1813 regierte er das Königreich Westphalen. Jérôme machte Kassel zu seiner Hauptstadt, wo er sich schnell den Beinamen »König Lustig« erwarb, angeblich, weil sich seine Deutschkenntnisse auf Sätze wie »Morgen wieder lustig!« beschränkten. Zugleich kennzeichnete dieser Name auch seinen repräsentativen Regierungsstil. Inhaltlich ist Jérômes Politik mit der Einberufung des ersten Parlaments auf deutschem Boden verbunden, 1810 im Fridericianum als »Palast der Stände« geschaffen. Jérôme hob auch die Leibeigenschaft auf und ließ in Kassel das Gesetzbuch »Code Civil« in deutscher Sprache drucken.

»Penone-Baum«

[19] Karlsaue

Der Park der Karlsaue lädt nicht nur zu weitläufigen Spaziergängen bis zur Insel Siebenbergen ein, sondern bietet für Astronomiefreunde seit 1996 ein besonderes Erlebnis: Auf dem Planetenwanderweg wird das schier unendliche Universum erfahrbar gemacht. Die Sonne über dem Eingang des Astronomiemuseums in der Orangerie ist dabei Ausgangs- und Bezugspunkt. Die Planeten, im Abstand dazu und in ihrer Größe im Maßstab von 1:495 Millionen verkleinert, sind in der Karlsaue angeordnet, Saturn und Uranus durch ihre enorme Distanz zur Sonne sogar darüber hinaus.

In der Karlsaue stößt der Besucher auch auf Kunstwerke und Spuren der documenta. Folgt man dem Weg Richtung Gustav-Mahler-Treppe und biegt nochmals kurz in den Park, gelangt man zum »Penone-Baum«. Giuseppe Penone, der bereits an der documenta 5 teilgenommen hatte, ließ im Vorfeld der documenta 13 (2012) für sein Werk »Idee di Pietra« einen Haselnussbaum in Bronze gießen, in dessen Zweige er einen Granitfindling setzte. Die Kraft der Pflanze trotzt der Schwerkraft der Erde und wächst scheinbar zum Licht – eine Interpretation, die sich in das Konzept der documenta 13 fügte, die die Welt universeller und nicht nur auf den Menschen zentriert betrachten wollte. Ein weiteres Kunstwerk, das die documenta 13 im Park hinterließ, ist der »Arkansas Black Apple Tree« von Jimmie Durham. Seine Früchte mit fast schwarzer Schale verweisen auf die Kindheit des Künstlers in den USA. Einen Apfelbaum mit dem symbolträchtigen Namen »KZ3« (eine von dem Pfarrer Korbinian Aigner als Häftling im Konzentrationslager Dachau gezüchtete Sorte), der ebenfalls zur documenta 13 gepflanzt wurde, zerstörten Unbekannte.

Blumeninsel Siebenbergen
Von der Orangerie aus führt ein schnurgerader Weg direkt auf die romantische Blumeninsel zu. Sie entstand 1710, als das davorliegende Bassin ausgehoben wurde. Mehrere kleine künstliche, als Aussichtspunkte gedachte Berge schmückten sie. Jedoch wurde sie Anfang des 19. Jahrhunderts teilweise wieder abgetragen, damit die Insel als Landschaftsgarten neu gestaltet und bepflanzt werden konnte. Klimatisch recht günstige Faktoren mit milden Wintern lassen zahlreiche Stauden und Ziergehölze prächtig gedeihen. Die Blumeninsel ist von April bis Anfang Oktober dienstags bis sonntags 10 bis 18 Uhr zugänglich.

[20] Haus-Rucker-Co-Plastik

Steigt man die Gustav-Mahler-Treppe hinauf, kommt man zu einem der beliebtesten Fotomotive Kassels, dem »Rahmenbau« von Haus-Rucker-Co, errichtet zur documenta 6 (1977) und neben dem Erdkilometer und dem Laserscape eines der ersten Kunstwerke, die die Stadt nach Ende der documenta ankaufte. Bis dahin war es Konsens gewesen, dass mit dem Abbau der Ausstellung alle Arbeiten verschwanden.

Die Haus-Rucker-Co-Plastik ist bei Bürgern und Touristen gleichermaßen beliebt, denn der riesige Bilderrahmen macht als begehbare Plastik Kunst erlebbar und öffnet den Blick auf den Staatspark Karlsaue, während hinter dem Betrachter das Leben der City pulsiert. Die 1967 in Wien gegründete Gruppe Haus-Rucker-Co aus Architekten, Designern und Künstlern schafft mit ihrer Installation die Verbindung von Kunst und Naturlandschaft und schlägt einen Bogen von der Kunst zu Architektur und Design. Damit folgte die Künstlergruppe dem Ansatz von Manfred Schneckenburger, der die documenta 6 leitete und aktuelle Kunstformen und Medien in seiner Schau aufgreifen wollte. Der 14 x 16 Meter große Bilderrahmen eröffnet nicht nur dem Besucher, der den Steg betritt, einen neuen Blick, sondern auch dem außen stehenden Betrachter, für den der Besucher Teil des durch den Rahmen gefassten Bildes wird.

[21] documenta-Halle

Direkt neben der Haus-Rucker-Co-Plastik steht die documenta-Halle, die zur documenta 9 im Jahr 1992 errichtet wurde, um den Ausstellungsbereich zu erweitern. Allerdings gab es von den Ausstellungsmachern

»Raumskulptur« hinter der documenta-Halle

viel Kritik wegen des teilweise problematischen Lichteinfalls. In den fast fünfjährigen Pausen zwischen den documenta-Schauen dient die Halle für Veranstaltungen sowie Kunst- und Kunsthandwerksmessen.

Hinter der Halle steht die »Raumskulptur« von Per Kirkeby, die ebenfalls zur documenta 9 entstand. Einen ähnlichen Klinkerbau hatte der Däne bereits 1977 zur documenta 7 hinter der Orangerie errichtet. Da die Backsteinskulptur, die beim Publikum als begehbares Kunstwerk sehr beliebt war, aber damals entfernt wurde, wurde 1992 die »Raumskulptur« hinter der documenta-Halle aufgebaut. Die Faszination für den Besucher liegt in der besonderen Erfahrung von Innen- und Außenraum, die durch die mäandrierenden Mauern ermöglicht wird.

[22] Staatstheater Kassel

***Spielplan und Tickets** unter Tel. 0561 1 09 42 22, www.staatstheater-kassel.de*

Theater hat in Kassel eine sehr lange Tradition. Das im 17. Jahrhundert erbaute Ottoneum, neben dem heutigen Staatstheater gelegen, gilt als erster fester Theaterbau Deutschlands. Ein weiteres Theater, das heute so genannte Ballhaus, ließ König Jérôme Bonaparte 1808/10 neben Schloss Wilhelmshöhe errichten. Bereits Landgraf Friedrich II. hatte 1771 vor dem Schloss ein Komödienhaus bauen lassen, das allerdings 1787 abbrannte. Er war es auch, der am Rande des Friedrichsplatzes ein Opernhaus bauen ließ – der Platz vor dem Kaufhaus heißt bis heute Opernplatz. Aus Kostengründen zwischenzeitlich geschlossen, wurde es 1821 unter Kurfürst Wilhelm II. wieder eröffnet und bekam als Hofkapellmeister Louis Spohr, einen der bedeutendsten Geiger und Komponisten jener Zeit. Auch Gustav Mahler wirkte 1883–1885 als Kapellmeister und Chordirektor am Hoftheater in Kassel und komponierte hier u.a. seine »Lieder eines fahrenden Gesellen«.

Doch das Hoftheater wurde bald zu klein für die prosperierende Stadt, und so engagierte sich der Intendant Freiherr von Gilsa für einen Neubau an dem Platz, an dem heute der Rahmenbau von Haus-Rucker-Co steht. Die alte Oper wurde abgerissen und 1906/09 entstand ein barock anmutendes prächtiges Theater, das seinem Publikum in den Pausen einen wunderbaren Blick in

Samuel Beckett
1906–1989, irischer Dramatiker, Nobelpreisträger (1969). Beckett hatte zeitweise eine enge Beziehung zu Kassel. 1928–1932 besuchte er hier häufig die verwandte Familie Sinclair, da er verliebt war in seine Kusine Peggy, die in der heutigen Bodelschwinghstraße im Vorderen Westen wohnte. Er verstand sich auch ausgezeichnet mit Tante Cissie und Onkel William, die aus Irland nach Kassel emigriert waren. Kunsthändler William Sinclair weckte Becketts Interesse an moderner Malerei, gemeinsam zog man durch die Altstadtkneipen. In Kassel kam Beckett mit Künstlern in Kontakt, die hier schon in den 1920er Jahren internationale Ausstellungen moderner Gegenwartskunst initiierten. Heute trägt das in ein Wohnquartier umgestaltete ehemalige Polizeigelände an der Bodelschwinghstraße den Namen »Samuel Beckett Anlage«.

Rudolf Erich Raspe 1736–1794, Bibliothekar, Gelehrter und Schriftsteller. In Hannover geboren, arbeitete Raspe zunächst als Bibliothekssekretär in seiner Heimatstadt. Von 1767 bis 1774 stand er als Kurator am Kasseler Museum Fridericianum und als Professor der Altertümer am Collegium Carolinum im Dienste des Hofes. Wegen einer Unterschlagungsaffäre verließ er Kassel und flüchtete nach England. Dort gab er anonym und in englischer Sprache die Erzählungen des Barons Münchhausen heraus. 1793 ging Raspe nach Irland, wo er Besitzer von Kupferminen beriet. Dort erkrankte er tödlich an Scharlach.

die Aue gewährte. Im Innern bot es ein großzügiges Treppenhaus samt Vestibül und Wandelhalle sowie einen 1450 Plätze umfassenden Zuschauerraum samt Kaiserloge. Auch hier wirkten berühmte Bühnenkünstler wie die Opernkomponisten Ernst Krenek und Eduard Künneke.

Im Zweiten Weltkrieg wurde ein Teil des Theaters zerstört, aber gleich nach Ende des Krieges begannen die Wiederaufbauarbeiten. Doch das »wilhelminische« Gebäude passte den Stadtvätern nicht in das Konzept einer modernen Stadt, und so wurde das Gebäude trotz heftiger Bürgerproteste 1953 abgerissen. Schon 1951 war ein Architekturwettbewerb für einen Neubau ausgeschrieben worden. Den Zuschlag erhielt Hans Scharoun, der auch die Berliner Philharmonie erbaute. Doch die Landesregierung entzog ihm aus fadenscheinigen Gründen den Auftrag und gab ihn an den Kasseler Paul Bode, Bruder des documenta-Gründers Arnold Bode. Das Staatstheater Kassel verfügt heute über ein Schauspielhaus, dessen Eingang auf der rückwärtigen Seite liegt und das 540 Zuschauern Platz bietet. Das Opernhaus mit seinem großzügigen Foyer und vielen architektonischen Elementen aus den Fünfzigern umfasst 953 Plätze. Hier kommen neben Opern auch Tanzabende, Konzerte und Musicals auf die Bühne. Seit 1983 bespielt das Staatstheater noch eine dritte Bühne: die Studiobühne »tif« im Untergeschoss des Fridericianums.

[23] Ottoneum

Naturkundemuseum *Di, Do–Sa 10–17 Uhr, Mi 10–20 Uhr*

Das Ottoneum wurde auf Wunsch von Landgraf Moritz 1603/06 als Theatergebäude erbaut. 1696 erfolgte durch Paul du Ry der Umbau zum Kunstmuseum. Später wurde es Sitz des Collegium Carolinum, des Kadettenhauses, des Steuerkollegs und schließlich des Naturkundemuseums. Das naturkundliche Raritätenkabinett, zunächst im Fridericianum untergebracht, fand hier eine angemessene Präsentation. Die Sammlung gilt als eine der ältesten Europas, vor allem durch das »Ratzeburger Herbarium«, das zwischen 1556 und 1592 angelegt wurde und eine der ältesten Pflanzensammlungen der Welt ist. Imposant ist auch die Schildbachsche Holzbibliothek. Die dritte Besonderheit, die das Naturkundemuseum noch heute vorweisen kann, ist der sogenannte Goethe-Elefant. Das Skelett stammt von einer Elefantenkuh, die nach einem Auftritt im Sommer 1780 auf dem Rückweg zur Menagerie starb. 1783 besichtigte Johann Wolfgang von Goethe das präparierte Skelett im Fridericianum. Den Schädel ließ er sich nach Weimar schicken und wies anhand des Zwischenkieferknochens die Verwandtschaft von Mensch und Tier nach.

Holzbibliothek
Carl Schildbach (1730–1817), Tiergarten-Aufseher, Menagerie-Verwalter und später Ökonomie-Direktor bei Landgraf Wilhelm IX., schuf eine aus 530 kunstvollen Holzbüchern bestehende Sammlung. Aus dem Holz jeder einzelnen Baum- oder Strauchart bastelte Schildbach eine Art Buch. Die Buchrücken zeigen die Originalrinde samt eventuellem Flechtenbewuchs. Im Inneren arrangierte er die jeweiligen Blätter, Blüten und Früchte, auf eingeklebten Legenden erläuterte er das botanische Wissen seiner Zeit. So wurde die Schildbachsche Xylothek zu einer an Detailreichtum und Umfang unübertroffenen Sammlung.

Georg Forster
1754–1794, Naturforscher, Reiseschriftsteller und Revolutionär. Forster nahm an der zweiten Weltumsegelung (1772/75) James Cooks teil und schrieb Beiträge zur Länder- und Volkskunde der bereisten Südsee. 1778–1784 lehrte er Naturgeschichte am Collegium Carolinum in Kassel. Seit jenen Jahren pflegte er einen regen Gedankenaustausch mit Vertretern der Aufklärung wie Lichtenberg, Lessing und Goethe. 1793 war Forster an der Gründung der Mainzer Republik beteiligt. Als er daraufhin der Reichsacht verfiel, ging Forster nach Paris, wo er 1794 einer Lungenentzündung erlag. An sein Werk wird in Kassel durch die Georg-Forster-Gesellschaft erinnert.

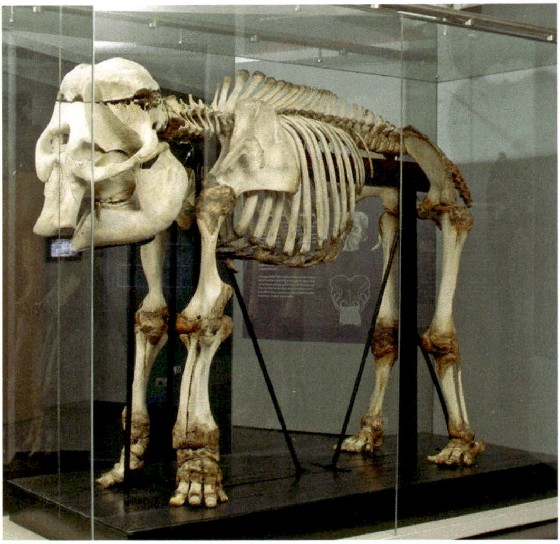

Abseits dieser historischen Schätze organisiert das Naturkundemuseum aufsehenerregende Schauen und ist mit mehr als 100 000 Besuchern im Jahr eines der erfolgreichsten Museen in der Region.

[24] Elisabethkirche

Den Friedrichsplatz überquerend, gelangt man zur 1959/60 erbauten Elisabethkirche, der ältesten katholischen Gemeinde Kassels. Der junge Friedrich II. und spätere Landgraf konvertierte 1749 zum katholischen Glauben. Das führte zu großen familiären Zerwürfnissen mit seiner Ehefrau und seinem Vater, jedoch durfte er sich ab 1770 eine Kirche bauen lassen, die allerdings von außen nicht als Gotteshaus zu erkennen sein durfte. Sie stand bis zur Zerstörung im Zweiten Weltkrieg auf jenem Platz, an dem sich heute das Staatstheater befindet. Heute wird die Kirche als Kultur- und Citykirche genutzt. Hier finden Gottesdienste, Ausstellungen und Konzerte statt, u.a. an der denkmalgeschützten Bosch-Bornefeld-Orgel. Sie wurde 2015 in der Martinskirche ab- und in der Elisabethkirche neu aufgebaut. Während der documenta finden Ausstellungen statt. Davon zeugen u.a. Kreuze des documenta-Künstlers Thomas Virnich (2002). Die »Figur auf einer goldenen Kugel« im Turm stammt von Stephan Balkenhol (2012).

[25] Schöne Aussicht

AOK-Gebäude *Mo, Di, Mi, Fr 8.30–16.30 Uhr, Do 8.30–18 Uhr, Sa 9–13 Uhr*

Treppenhaus im AOK-Gebäude

Das AOK-Gebäude (Friedrichsplatz 14) gilt als eines der schönsten Vorzeigeobjekte aus den 1950er Jahren in Kassel. Schaut man die filigrane freitragende Treppe im Gebäudeinneren hoch, meint man, an der Decke in ein Auge zu blicken. Eine Lampe wird zur Pupille, das Geländer zum Wimpernkranz. Der US-Amerikaner Max Neuhaus schuf dort eine Klanginstallation mit dem Titel »Three to One« zur documenta 9 (1992). Jeder Ebene des Treppenhauses wies er eine eigene Klangfarbe zu.

Nun folgt man weiter der Straße, die »Schöne Aussicht« heißt, weil sie zwischen den Bäumen einen grandiosen Blick hinunter in die Karlsaue gewährt. Im Haus Nummer 9 wohnten ab 1822 die Brüder Grimm, die seit 1798 insgesamt gut dreißig Jahre in Kassel wirkten und hier schon das Lyceum Fridericianum besucht hatten. Im Palais Bellevue, ein paar Häuser weiter, war von 1972 bis 2014 das Brüder-Grimm-Museum beheimatet. Das kleine Palais wurde 1714 im Auftrag von Landgraf Karl von Paul du Ry für astronomische Zwecke gebaut und von Simon Louis du Ry ab 1790 umgestaltet. Obwohl das Gebäude heute wegen

Palais Bellevue

*Die **Chatten** waren ein germanischer Volksstamm, der vor allem in den Tälern der Fulda, der Eder und der Lahn siedelte, also in großen Teilen des heutigen Nord- und Mittelhessen. Möglicherweise geht die Bezeichnung Hessen auf eine spätere Abwandlung des Stammesnamens der Chatten zurück. Tacitus, der berühmte römische Geschichtsschreiber, lobte in seinem Werk »Germania«, die Chatten seien in ihrer Disziplin und ihrem Organisationsgeschick mit den Römern vergleichbar.*

baulicher Mängel geschlossen ist, erinnert es noch an die Vergangenheit der ehemaligen Prachtstraße. Hier wohnten einst die Schriftstellerin und Frauenrechtlerin Malwida von Meysenbug, die Malerfamilie Tischbein, der Komponist Louis Spohr und der Chemiker Robert Wilhelm Bunsen. Der große moderne Gebäudekomplex ist Sitz des Landgerichts.

[26] Neue Galerie

Di–So 10–17 Uhr, Do bis 20 Uhr

Die Neue Galerie ist eigentlich eine alte. 1871–1877 wurde sie von Heinrich Dehn-Rotfelser als Museumsbau im Stil des Historismus erbaut. Als Baumaterial wurden damals auch Teile der seit 1870 abgerissenen Chattenburg verwendet. Bis zum Zweiten Weltkrieg beherbergte das Gebäude die Alten Meister, bevor diese vorsorglich ausgelagert wurden. 1963 wiederaufgebaut, erhielt das Gebäude 1976 ein neues Konzept und wurde in »Neue Galerie« umbenannt. Gezeigt werden Werke aus den Bereichen Malerei, Skulptur und neue Medien vom 19. Jahrhundert bis heute. Zu den Höhepunkten gehören die Gemälde von Lovis Corinth und die berühmte Raum-Installation »The pack (das Rudel)« von Joseph Beuys, ein VW-Bus mit 24 Schlitten aus dem

Jahr 1969. Beuys richtete den Raum zur Eröffnung des Hauses selbst ein. In den folgenden Jahren kamen von weiteren documenta-Künstlern Arbeiten hinzu, die nach den Ausstellungen erworben wurden. Die Neue Galerie bietet somit neben Sonderausstellungen auch einen Überblick über die Kunst der documenta-Schauen.

Dazu gehört der Granitblock von Ulrich Rückriem, der zwischen dem Gebäude und dem gegenüberliegenden Café steht. Der Düsseldorfer Künstler schuf ihn zur documenta 7 (1982), um die Achse zwischen Friedrichsplatz und dem klassizistischen Frühstückspavillon zu besetzen.

[27] Mahnmal für die Opfer des Faschismus

Unterhalb der Schönen Aussicht befand sich ursprünglich ein Terrassengarten mit Orangen-, Zitronen- und Feigenbäumen. Nach dem Ersten Weltkrieg wurde er als Ehrenmal zum Gedenken an gefallene deutsche Soldaten und an die Menschen, die sich dem Kriegsdienst verweigert haben und desertiert sind, umgestaltet.

Vorbei am Frühstückspavillon neben der Neuen Galerie erreicht man über die Brücke zum Elisabeth-Krankenhaus die Grünanlage des Henschel-Gartens auf dem Weinberg. Dort stößt man im sogenannten Fürstengarten auf das Mahnmal für die Opfer des Faschismus mit der Widmung »Den Vernichteten 1933–45«. Es ist von hohen Mauern eingefasst und aus Angst vor Vandalismus fast immer abgeschlossen (einen Schlüssel erhält man bei der Tourist Information). Das Mahnmal wurde Ende 1953 eingeweiht. Die Figuren am Eingang stehen für Trauer und Hoffnung. Die Worte »Die Lebenden rufe ich – die Toten beklage ich« sollen die künftigen Generationen aufrütteln. Tritt man auf den Vorplatz, sieht man an der Mauer ein Zitat von Friedrich Hebbel: »Seele, Seele vergiss sie nicht, Seele vergiss nicht die Toten«. Gegenüber steht ein Satz von Friedrich Hölderlin: »Der Tod erschreckte uns – er war fürchterlich – wir sahen nur nieder ins Grab – obgleich er uns zur Vollendung führt – aus den Hüllen der Nacht hinüber – in der Erkenntnisse Land«. In der Mitte des Platzes liegt ein Dornenkranz, der zum einen an die Hinrichtung von Jesus erinnert, aber auch für die Dornen steht, die die Nationalsozialisten sinnbildlich in die Köpfe der Menschen bohrten.

Johann Heinrich Tischbein d.Ä.
1722–1789, Maler. In Haina geboren, stand der gelernte Maler zunächst im Dienst kleinerer Fürstenhöfe. Er bildete sich in Paris, Venedig und Rom fort, wo er die alten Meister studierte. 1753 erfolgte durch Landgraf Wilhelm VIII. von Hessen-Kassel die Ernennung zum Hofmaler. 1777 gehörte Tischbein zu den Gründern der Kasseler Maler- und Bildhauerakademie. Als »Kasseler Tischbein« gehört er zu den bedeutendsten Porträtmalern des 18. Jahrhunderts. Sein bekanntestes Bild ist »Goethe in der Campagna« (1787).

[28] GRIMMWELT Kassel

Di–So 10–18 Uhr, Fr bis 20 Uhr

Die Bebauung des Weinbergs mit einem Ausstellungshaus war durchaus umstritten, galt doch der Weinberg mit seinen Terrassen als Erinnerung an jene Zeit, als hier noch die Familie der Henschel-Dynastie residierte und die Stadt nicht nur durch ihren imposanten Wohnsitz prägte. Doch seit das Haus, das die Brüder Grimm und ihr vielseitiges Schaffen und Leben in Kassel den Besuchern präsentiert, 2015 eröffnet wurde, gibt es nur noch Lob. Die Plattform »Deutsche Architekten« kürte das Gebäude nach einem Entwurf des Aachener Büros kadawittfeldarchitektur zum »Bau des Jahres 2015«, die britische Zeitschrift »Guardian« listete es unter den zehn besten neuen Museen weltweit auf, und die Bebauung des Weinbergs erhielt beim Deutschen Städtebaupreis 2016 eine Belobigung.

Die Kasseler Bürger freuen sich nicht nur über die 2000 Quadratmeter große Dachterrasse mit ihrem wunderbaren Blick über die Stadt – von vielen zum Lieblingsort gekürt –, sondern vor allem darüber, dass Grimmfreunde aus aller Welt nun in Kassel ein facettenreiches, interaktives Zentrum zum Wirken der berühmten Brüder finden. Mit den beiden Bänden der ersten Auflage von 1812/15 und den drei Bän-

Jacob Grimm
1785–1863, Sprach- und Literaturwissenschaftler. Wie sein Bruder Wilhelm wurde er von der Mutter aus Hanau 1798 nach Kassel ans Friedrichsgymnasium geschickt. Nach dem Jurastudium in Marburg kehrten beide Brüder 1806 zurück nach Kassel. 1811 veröffentlichte Jacob sein erstes Buch »Über den altdeutschen Meistergesang« und 1812 brachte er zusammen mit Wilhelm den ersten Band der »Kinder- und Hausmärchen« heraus, 1815 den zweiten. In seiner Kasseler Zeit veröffentlichte Jacob Grimm auch seine ersten Bände zur »Deutschen Grammatik«. 1830 wurde er Professor in Göttingen und 1848 Abgeordneter der Frankfurter Nationalversammlung.

den der zweiten Auflage von 1819 der Handexemplare der »Kinder- und Hausmärchen« verfügt die GRIMMWELT über Exponate, die seit 2005 zum Weltdokumentenerbe der UNESCO zählen. Die Anmerkungen der Brüder geben wertvolle Hinweise auf den Ursprung und die Bearbeitungsstufen der Märchen. Ab 1806 hatten sie von Kassel aus den Stoff für ihre Märchensammlung zusammengetragen. Später bezeichneten sie die fast 30 Jahre in der Stadt an der Fulda als ihre »arbeitsamste und vielleicht fruchtbarste Zeit« ihres Lebens.

Zwar sind die Märchen der Grimms am bekanntesten, doch Germanisten und Sprachforscher sind ebenso von ihren Bänden zur »Deutschen Grammatik« und zum »Deutschen Wörterbuch« fasziniert. Auch das greift die GRIMMWELT auf: Interaktive Stationen vermitteln unterhaltsam Lust an der Sprache. Außerdem zeigen Kunstwerke die vielfältige Arbeit der Grimms. Dazu gehören auch Zeichnungen des Bruders Ludwig Emil Grimm, der als Maler und Illustrator erfolgreich war. Moderne Kunst wie die Wurzeln von Ai Weiwei bezeugen die internationale Bedeutung der Brüder. 25 Begriffe aus dem Grimmschen Wörterbuch weisen den Weg und öffnen Räume. So verbirgt sich hinter »Sprachschatz« eine Rauminstallation zum Deutschen Wörterbuch von Ecke Bonk und hinter »Quitte« die Küche der Grimms.

Wilhelm Grimm
1786–1859, Sprach- und Literaturwissenschaftler. Nach dem Jurastudium in Marburg kehrte Wilhelm nach Kassel zurück. 1811 veröffentlichte er sein erstes Buch »Altdänische Heldenlieder« und später »Die deutsche Heldensage«. 1835 wurde Wilhelm Professor in Göttingen. Die dritte Auflage der »Kinder- und Hausmärchen« brachte er 1837 fast allein heraus. 1838 begannen die Brüder ihre Arbeit am »Deutschen Wörterbuch«, bei dem sie aber nur bis Buchstabe F kamen. Nach einer Streitschrift gegen den König von Hannover wurde Wilhelm mit anderen Göttinger Professoren des Landes verwiesen (»Göttinger Sieben«).

Schimpfwort-Tauschmaschine

Weinberg
Einer der markantesten Punkte Kassels ist der Weinberg, die Verbindung zwischen Innenstadt und Südstadt. Der Name wird bereits im 13. Jahrhundert wegen des Weinanbaus an dieser Stelle erwähnt, über die Qualität des Weins bestand jedoch keine Einigkeit. Ab 1825 wurden Stollen in den Kalksteinfels getrieben, die zur Lagerung von Bier genutzt wurden. Es gibt zehn Eingänge und neun Stollen. 1942 bauten die Nazis die Anlage zu einem Luftschutzbunker um. In den Bombennächten des Zweiten Weltkrieges fanden hier bis zu 10 000 Menschen Schutz. Der Feuerwehrverein Kassel beschäftigt sich seit Jahren mit der Geschichte des Weinbergbunkers und bietet Besichtigungen an (Informationen unter www.feuerwehrverein-kassel.de). Während der documenta im Jahre 2012 wurde der Bunker auch für Installationen genutzt.

[29] Museum für Sepulkralkultur

Di–So 10–17 Uhr, Mi bis 20 Uhr

Neben der GRIMMWELT stößt man am Hang des Weinbergs auf einen weiteren spektakulären Bau, von dem aus man ebenfalls einen wunderbaren Blick über die Stadt genießen kann. Das Gebäude wurde für das 1992 gegründete und in Deutschland einzigartige Museum für Sepulkralkultur errichtet. Es widmet sich dem Tod und dem Umgang mit ihm vom Mittelalter bis zur Gegenwart und zeigt auf, wie sehr die Wahrnehmung des Todes unsere Kulturgeschichte beeinflusst hat.

Ausgestellt sind sepulkrale Objekte, die zum einen das Phänomen des Todes, der Bestattung und der Trauer beleuchten und sich zum anderen mit der unterschiedlichen Gestaltung von Friedhöfen und Grabmälern beschäftigen. Anhand von Exponaten wie Totenhemden, Särgen, Trauertrachten und Grabmalen wird der Umgang mit den »letzten Dingen« veranschaulicht. Ergänzt wird die Schau durch bildliche und künstlerische Darstellungen zu Tod und Sterben. Eine weitere Abteilung widmet sich der wachsenden Vielfalt von Religionen in Deutschland und ihren Bestattungsriten. Im Außenbereich wird ein Originalstück der Berliner Mauer gezeigt. Neben der Dauerausstellung greift das Museum in Sonderschauen besondere Aspekte auf wie das Phänomen der Totentänze oder die Angst, lebendig begraben zu werden.

[30] Murhardsche Bibliothek

Mo–Fr 9–18 Uhr, Sa 10–13 Uhr

Das im Stil der Neorenaissance 1905 errichtete Gebäude, zu dem man gelangt, wenn man der Weinbergstraße folgt, wird vom Kasseler Volksmund liebevoll »Die Murhardsche« genannt. Der Name geht zurück auf die Brüder Friedrich und Karl Murhard, die ihrer Vaterstadt Mitte des 19. Jahrhunderts ihr gesamtes Vermögen und Hunderte von Büchern zur Stiftung einer wissenschaftlichen Bürgerbibliothek hinterließen. Außerdem beherbergt sie den Bestand der 1580 von Landgraf Wilhelm IV. gegründeten Landesbibliothek mit mittelalterlichen Handschriften, alten Drucken und der historischen Notensammlung der Hofkapelle.

Rechts: Museum für Sepulkralkultur

Christine Brückner
1921–1996, Schriftstellerin. Bei Bad Arolsen geboren, machte sie in Kassel Abitur und kehrte nach Studienjahren 1960 hierher zurück. Sie gehörte zu den erfolgreichsten Schriftstellerinnen der BRD. Beliebt waren ihre Romane »Jauche und Levkojen« und »Nirgendwo ist Poenichen«. Mit ihrem Ehemann und Ko-Autor Otto Heinrich Kühner gründete sie 1984 die Stiftung Brückner-Kühner, die seit 1985 den Kasseler Literaturpreis für grotesken Humor vergibt. Ihr Wohnhaus in der Hans-Böckler-Straße ist heute ein kleines Museum (www.brueckner-kuehner.de).

Unter dessen Nachfolger Wilhelm V. kam es während des Dreißigjährigen Kriegs zur Plünderung des Fuldaer Kirchenguts. Dadurch gelangte um 1632 u.a. das »Hildebrandlied« in die landesfürstliche Sammlung, das heute in einem Tresor aufbewahrt wird. Es ist das einzige überlieferte Zeugnis germanischer Heldendichtung in deutscher Sprache. Unbekannte schrieben den Text um das Jahr 840 in ein wenig älteres Manuskript mit lateinischen theologischen Schriften. Die hessischen Soldaten erbeuteten damals aber noch mehr: neben einer Abschrift des »De bello Iudaico« von Flavius Josephus aus dem 6. Jahrhundert weitere hochkarätige mittelalterliche Manuskripte. 1686 wurde der landgräflichen Bibliothek eine wertvolle Sammlung von Handschriften und Drucken der Pfalzgrafen von Heidelberg vermacht, darunter die Handschriften von Boccaccios »Il filocolo«, der Regeln des Ordens vom Goldenen Vlies und der »Canzone« von Petrarca. Im Laufe der Jahrhunderte wurde der Bestand um zahlreiche Stücke erweitert, u.a. kamen weitere bedeutende theologische Handschriften hinzu wie das Abdinghofer Evangeliar. Heute gehören sowohl die Landesbibliothek als auch die »Murhardsche« zur Universitätsbibliothek Kassel.

[31] Hessisches Landesmuseum

Di–So 10–17 Uhr, Do bis 20 Uhr

An der Schnittstelle von Wilhelmshöher Allee und Oberer Königsstraße erhebt sich der imposante Bau des Hessischen Landesmuseums. 1913 zur Tausendjahrfeier der Stadt eingeweiht, sollte es nach einem Entwurf von Theodor Fischer an die Tradition des Fridericianums anknüpfen, sich zugleich aber auch der kulturellen Landesgeschichte widmen. Die Fassade wird beherrscht von einem Turm, von dem aus man eine großartige Aussicht auf Schloss und Bergpark Wilhelmshöhe einerseits und über die Innenstadt andererseits genießen kann.

Die Größe des Museums bot von Beginn an Raum für die Sammlung von Bodenfunden aus der Vor- und Frühgeschichte der Region (Grundlage dafür war die Sammlung der hessischen Landgrafen, die vorher im Fridericianum ausgestellt gewesen war), das Astronomisch-Physikalische Kabinett (heute in der Orangerie) und für eine Kunstgewerbesammlung. Da das Gebäude den Zweiten Weltkrieg mit nur geringen Schäden überstanden hatte, musste es in den ersten Nachkriegsjahren auch die Gemäldegalerie aufnehmen. Erst als die Neue Galerie und das Schloss Wilhelmshöhe in den 1970er Jahren wiederhergestellt waren, wurde eine

Kasseler, Kasselaner, Kasseläner, Kassler
Eine Wissenschaft für sich? Als Kasseler werden die zugezogenen Personen bezeichnet, als Kasselaner jene, die hier geboren wurden. Kasseläner wiederum sind nicht nur hier geboren, sondern auch beide Elternteile stammen aus Kassel. Mit irgendwelchen Privilegien ist diese Bezeichnung aber nicht verbunden. Das Kassler, ein gepökeltes oder leicht geräuchertes Schweinefleisch, hat nichts mit Kassel zu tun – angeblich wurde es nach dem Berliner Fleischermeister Cassel benannt.

Neuordnung der Sammlungen möglich. Die überdachten Innenhöfe des fünfflügeligen Baus ermöglichen einen barrierefreien Rundgang.

Nach einer mehrjährigen Sanierung präsentiert sich das Hessische Landesmuseum seit Ende 2016 in völlig neuem Glanz. Mehr als 6000 Exponate werden in umgestalteten Räumen und zeitgemäßen Zusammenhängen zur Schau gestellt und geben einen Überblick über 300 000 Jahre hessische Landes- und Kulturgeschichte. Auf drei Ebenen sind die Sammlungen der Vor- und Frühgeschichte, der Angewandten Kunst sowie der Volkskunde zu sehen. Unter den vielen kostbaren Exponaten zur Volkskunde, die jahrzehntelang in Depots gelagert werden mussten und nun endlich gezeigt werden können, sind u.a. nord- und mittelhessische Trachten. Zu den Höhepunkten gehört sicherlich die begehbare Werkstatt von Mörshausen, einer Weberei, die sich in der zweiten Hälfte des 19. Jahrhunderts auf die Fertigung von Webblättern und Weblitzen spezialisiert hatte.

Dorothea Viehmann *1755–1815, Gastwirtstochter. Als Katharina Dorothea Pierson in Rengershausen in einem Gasthaus geboren (heute »Gasthaus Knallhütte« in Baunatal), kam sie durch Heirat nach Niederzwehren (heute Kasseler Stadtteil). Das Viertel, in dem sie lebte, wurde ihr zu Ehren Märchenviertel benannt, und viele Straßennamen dort erinnern an Märchen. Die Bäuerin lernte die Brüder Grimm 1813 kennen. Sie erzählte ihnen viele Märchen, die oft auch französischen Ursprungs waren, da sie selbst aus einer Hugenottenfamilie stammte. Die Brüder verfassten daraus 36 Märchen, die hauptsächlich im zweiten Band der Hausmärchen gesammelt wurden wie »Der Teufel mit den drei goldenen Haaren« oder »Doktor Allwissend«.*

[32] Torwache

Am Brüder-Grimm-Platz liegen sich zwei Gebäude an der vier Kilometer langen Wilhelmshöher Allee gegenüber, die bis zum Schloss führt und schon damals eine Verbindung schaffte zwischen Wilhelmshöhe und der Residenzstadt Kassel. Die Torhäuser sind Teil einer unvollendeten Toranlage von Heinrich Christoph Jussow. Der Architekt, der schon an der Planung des Mitteltrakts von Schloss Wilhelmshöhe und der Löwenburg beteiligt war, entwarf die Torwache Anfang des 19. Jahrhunderts. Das südliche Torhaus beherbergte seit 1983 die kunsthandwerkliche Sammlung. In vier Geschossen wurden die Kunstepochen Historismus, Jugendstil, Bauhaus und Art Déco sowie die 1950er Jahre und die Postmoderne dargestellt, unter anderem Möbel, Glas, Keramik sowie Schmuck von Henry van de Velde und Tiffany, Objekte von Mies van der Rohe und Designprodukte von Braun, Olivetti, Draenert und Pentagon. Ein Teil dieser Sammlung ist jetzt im Hessischen Landesmuseum zu sehen, da die Torwache bis auf Weiteres geschlossen ist.

Überquert man die Wilhelmshöher Allee, erreicht man das nördliche Torhaus, wo von 1814 bis 1822 die Brüder Grimm und ihre Schwester Charlotte gewohnt

haben. Heute ist es Teil des Hessischen Verwaltungsgerichtshofes. Derzeit laufen Verhandlungen, ob hier ein Neubau für das Tapetenmuseum entstehen soll. Das 1923 gegründete und seit 2008 geschlossene Tapetenmuseum war mit seinen 23 000 Objekten bis zum Beginn der Sanierung im Hessischen Landesmuseum zu besichtigen. Derzeit ist die Sammlung nur über einen Online-Katalog einzusehen.

Neben dem Gebäude steht seit 1985 das Brüder-Grimm-Denkmal der Bildhauerin Erika Maria Wiegand.

[33] Hugenottenhaus

Über den Brüder-Grimm-Platz gehend, lohnt ein Abstecher zum Hugenottenhaus in der Friedrichsstraße 25. 1826 erbaut, diente das Gebäude einst als bürgerliches Wohnhaus und Hotel, wurde dann aber im Zweiten Weltkrieg schwer beschädigt. Seit den 1970er Jahren stand das Haus leer, 2012 wurde es als Ausstellungsort der documenta 13 entdeckt. Der Chicagoer Künstler Theaster Gates initiierte dort seine Aktionen, für 100 Tage wurde das Hugenottenhaus zu einem Besuchermagneten. Wie es mit diesem Baudenkmal in bester Kasseler Lage weitergehen wird, ist derzeit noch unklar.

[34] Wilhelmshöhe

Bergpark Wilhelmshöhe *ganzjährig frei zugänglich*
Besucherzentrum Herkules *Di–So 10–17 Uhr; Mai–3. Okt. auch Mo*
Wasserspiele *Mai–3. Okt.: Mi/So: Start 14.30 Uhr, Fontäne 15.45 Uhr, Juni–Sept.: 1. Sa im Monat abends beleuchtete Wasserspiele*
Großes Gewächshaus *1. Advent–1. Mai: Di–So 10–17 Uhr*
Löwenburg *März–15. Nov.: Di–So 10–17 Uhr; 16. Nov.–Feb.: Fr–So 10–16 Uhr*
Schloss Wilhelmshöhe *Di–So 10–17 Uhr, Mi bis 20 Uhr (Weißensteinflügel nur mit Führung)*
Besucherzentrum Wilhelmshöhe *Mai–3. Okt.: tägl. 10–17 Uhr, 4. Okt.–Apr.: Sa/So 10–16 Uhr*

Vom Stadtzentrum aus gelangt man am einfachsten mit der Straßenbahnlinie 1 zum Bergpark nach Bad Wilhelmshöhe (Endstation). Schon die Fahrt dorthin ist eine Zeitreise durch Kassels Geschichte. Sie führt die Wilhelmshöher Allee entlang, vorbei am Viertel des Vorderen Westens, wo sich heute noch die schönsten Jugendstilbauten Kassels befinden. Wer sich dieses Quartier anschauen möchte, sollte an der Haltestelle Kirchweg aussteigen und rechts Richtung Bebelplatz hinaufgehen. Die Endstation der Linie 1 befindet sich unterhalb des Bergparks, und wer nicht mehr allzu viel Zeit hat, sollte sich den Bergpark mit Herkules aus der Ferne von unten ansehen. Schöner ist es jedoch, aus der Stadt mit der Linie 3 bis zur Endstation im Druseltal zu fahren, um dann ganz hoch zum Herkules über die Druseltalstraße mit dem Bus 22 (Richtung Hohes Gras) zu gelangen.

Der **Herkules** ist das Wahrzeichen von Kassel und wird von den Bürgern geliebt. Von jedem Winkel der Stadt gilt ein Blick hoch zu dem Koloss, der über der Stadt auf einer Höhe von 530 Metern thront, als ein Muss. 1717 wurde er aus Kupfer konstruiert, nachdem Landgraf Karl ihn auf seiner Italienreise im Palazzo Farnese (Rom) gesehen hatte und beeindruckt war von diesem Helden der griechischen Antike, der für Kraft, Mut und Klugheit steht. Fast dreimal so groß wie das Original sollte er aber sein, und so können Besucher den über acht Meter großen Helden auf einer Pyramide und einem Oktogon bestaunen. Das insgesamt 71 Meter hohe Bauwerk, das die über 200 Meter lange

Gipfel in Kassel
Die Welt schaute im Mai 1970 gebannt nach Kassel. Nachdem sich die Regierungschefs von West- und Ostdeutschland am 19. März in Erfurt erstmals getroffen hatten, kam es am 21. Mai zum Gegenbesuch in Kassel. Bundeskanzler Willy Brandt empfing DDR-Ministerpräsident Willi Stoph am Bahnhof Wilhelmshöhe, beide führten im Schlosshotel mehrere Gespräche. Der innerdeutsche Gipfel wurde überschattet von Auseinandersetzungen zwischen Rechts- und Linksradikalen in der Kasseler Innenstadt. Brandt und Stoph vereinbarten eine Denkpause, die sozialliberale Bundesregierung nahm im Rahmen ihrer Ost- und Entspannungspolitik zunächst Verhandlungen mit Moskau und Warschau auf.

Kaskadenanlage

Kaskadenanlage krönt, bietet auch eine Aussichtsplattform. Von dort hat man nicht nur einen wunderbaren Blick auf die Stadt, sondern auch auf die Mittelgebirge von der Rhön bis zum Harz und natürlich über den Bergpark, der seit 2013 zum UNESCO-Weltkulturerbe zählt.

»Ab nach Kassel«
Diese Worte sollen hessische Soldaten dem französischen Kaiser Napoleon III. (1808–1873) zugerufen haben, als dieser nach der Niederlage in der Schlacht von Sedan (1./2. September 1870) in preußische Gefangenschaft geraten war und zum Arrest nach Kassel gebracht wurde. Er wurde auf Schloss Wilhelmshöhe interniert, wo rund 60 Jahre zuvor noch sein Onkel Jérôme als Statthalter Napoleons I. residiert hatte. 1871 durfte Napoleon III. Kassel in Richtung England verlassen.

Die **Wasserspiele**, Kassels große Attraktion, funktionieren auch heute noch wie zur Zeit ihrer Erbauung vor über 300 Jahren ohne Pumpen, ausschließlich durch das Gefälle. In den Höhen des Habichtswalds wurde ein Graben- und Teichsystem angelegt, das Regen- und Oberflächenwasser speichert, im Sichelbachteich etwa, rund einen Kilometer westlich vom Herkules gelegen (40 000 Kubikmeter Fassungsvermögen). Durch unterirdische Rohre wird das Wasser zum Herkules geleitet. Die Spiele beginnen am Oberen Wassertheater mit seiner Vexierwassergrotte, darunter folgt das Untere Theater mit dem Riesenkopfbecken. Hier sehen die Besucher zwei mythologische Figuren und hören sie auf ihren Hörnern blasen. Die Töne werden durch den Wasserdruck erzeugt. Es geht weiter die Kaskaden hinunter zu einem Becken, wo Meeresgott Neptun hinter einem Wasservorhang verschwindet. Spektakuläre Ansichten ergeben sich, wenn der Steinhöfer Wasserfall, die Teufelsbrücke und das römische Aquädukt erreicht werden. Schließlich kommen die Besucher zum Teich unten am Schloss Wilhelmshöhe, wo der Wasserdruck eine bis zu 52 Meter hohe Fontäne erzeugt. Vom Herkules bis hier unten haben Wassermassen und Besucher 225 Meter Höhenunterschied zurückgelegt. Vor allem an den Mittwochen, Sonntagen und hessischen Feiertagen während der Sommermonate, wenn die Wasserspiele stattfinden, ist es ein großer Volksspaß, oben am Herkules zu beginnen und – nachdem oben das Ventil des Wasserreservoirs geöffnet wurde – mit dem Wasser neben den Kaskaden hinunterzulaufen.

Teufelsbrücke

Der **Bergpark** ist auch außerhalb der Wasserspiel-Zeiten eine Attraktion, gilt er doch als größter Bergpark Europas, der mit verwunschenen Wegen lockt, an denen Grotte, Einsiedelei, Pyramiden und sogar eine Pagode sowie weitere Kleinarchitekturen zu entdecken sind. Sie erzählen von den Vorlieben der hessischen Landgrafen, die den Park als Ausdruck von Prunk und zum Spiel gestalten ließen. Dazu gehörte auch, dass Landgraf Karl und seine Nachfolger bis zu Kurfürst Wilhelm II. über 500 Arten von Sträuchern und Bäumen aus der ganzen Welt anpflanzen ließen. Weitere teils exotische Pflanzen können im **Großen Gewächshaus** in der Nähe des Schlosses bestaunt werden. Der ab 1822 errichtete Bau besticht durch seine kunstvolle Glas-Eisen-Konstruktion.

Vorher allerdings lohnt sich noch ein Abstecher zur **Löwenburg**, die auf den ersten Blick wie eine mittel-

Löwenburg

Wilhelm IX. von Hessen-Kassel
1743–1821, Landgraf. Seit 1785 Landgraf, ließ er schon ein Jahr später Schloss Weißenstein abreißen und ein neues Schloss bauen, das seither seinen Namen trägt. Da er sein Land im preußisch-französischen Konflikt für neutral erklärte, ließ Napoleon I. Kurhessen 1806 besetzen, Wilhelm floh ins Exil. Erst nach der Niederlage Napoleons konnte er zurückkehren. Im Wiener Kongress (1814/15) versuchte Wilhelm vergeblich, den Titel eines »Königs der Chatten« zu erhalten, behielt aber den Titel eines Kurfürsten. Er schaffte die unter Napoleon eingeführten Reformen wieder ab, erweiterte den Bergpark Wilhelmshöhe und baute die Löwenburg.

alterliche Ritterburg anmutet, sich aber als Replik entpuppt. Auch ist sie nicht im Mittelalter entstanden, sondern 1793–1801. Landgraf Wilhelm IX. ließ sie als Lustschlösschen erbauen. Im Innern finden sich neben einer Rüstkammer fürstliche Wohnräume. In der Gruft der Kapelle fand der Burgherr seine letzte Ruhestätte.

Ganz anders hingegen das eigentliche **Schloss Wilhelmshöhe.** Es wurde ab 1786 in mehreren Etappen nach Anweisungen von Landgraf Wilhelm IX. erbaut an der Stelle eines alten Jagdschlosses, das so gar nicht mehr zur Parkanlage passte. Zuvor befand sich an dieser Stelle seit dem 12. Jahrhundert das Augustinerinnen-Kloster Weißenstein. Der nach Plänen von Simon Louis du Ry zuerst entstandene Trakt heißt deshalb noch heute **Weißensteinflügel**. Er ist der einzige Teil des Schlosses, der noch von seiner Geschichte zeugt und 23 historische Schlossräume beherbergt. Während des Baus entschloss sich der Landgraf, auf der gegenüberliegenden Seite einen Kirchflügel errichten zu lassen und schließlich auch einen Mitteltrakt unter der Bauleitung von Heinrich Christoph Jussow. Im Laufe der Jahrhunderte beherbergte das Schloss illustre Gäste: 1806–1813 diente es als »Napoleonshöhe« Jérôme Bonaparte als Residenz; 1870/1871 lebte hier Napoleon III. unter Arrest. Und von 1891 bis 1918 logierte im Schloss regelmäßig die Familie von Kaiser Wilhelm II., der es selbst auch als Rückzugsort nutzte.

Im Zweiten Weltkrieg wurde vor allem der mittlere Teil stark zerstört. Ab 1962 baute das Land Hessen das Gebäude wieder auf und gestaltete es für eine museale Nutzung um. Seither ist eine **Antikensammlung** dort untergebracht, deren prominentestes Exponat der Kasseler Apoll ist, eine Marmorstatue aus dem 5. vorchristlichen Jahrhundert. Mindestens ebenso prominent sind einige der Werke, die in der **Gemäldegalerie Alte Meister** gezeigt werden, darunter Rembrandts berühmtes Porträt seiner Ehefrau Saskia. Außerdem kann man in dem Museum die Graphische Sammlung und Sonderausstellungen besichtigen. Nach dem Schlossbesuch lohnt sich ein Blick auf das Ballhaus, das leider nur für Veranstaltungen geöffnet ist, und auf das gegenüberliegende Schlosshotel.

Blumenliebhaber sollten unbedingt noch den Weg hinunter zum künstlich angelegten Lac nehmen und dabei einen Abstecher zur **Roseninsel** einplanen. Dort finden sich ungefähr 1000 verschiedene Strauch-, Beet- und Kletterrosen. Die Rosensammlung wurde 2015 mit dem »Award of Garden Excellence« ausgezeichnet.

Die **Kurhessen-Therme** am Fuße des Bergparks Wilhelmshöhe bietet eine großzügige Wasserlandschaft mit Thermal-Solewasser und Wasserfällen, Dampfbad, Felsengelände in freier Natur, diverse Vital-Solarien sowie eine große Saunalandschaft, neu gestaltet im orientalischen Stil.

Wilhelm II.
1859–1941, König von Preußen und Kaiser des Deutschen Reiches. Wilhelm II. verlieh Kassel für einige Jahre monarchischen Glanz. Seine Eltern schickten ihn in die preußische Provinz nach Kassel, wo er zur Schule ging und am Friedrichsgymnasium 1877 Abitur machte. Von 1891 bis 1918 war Schloss Wilhelmshöhe eine Sommerresidenz der Kaiserfamilie. Die Bürger konnten dem Monarchen beim Wandern, Reiten oder Tennisspielen im Schlosspark begegnen. Mehrfach empfing Wilhelm II. Staatsgäste in Kassel. Bei Kriegsende 1918 flüchtete er ins Exil nach Holland, wo er 1941 starb.

Gemäldegalerie Alte Meister

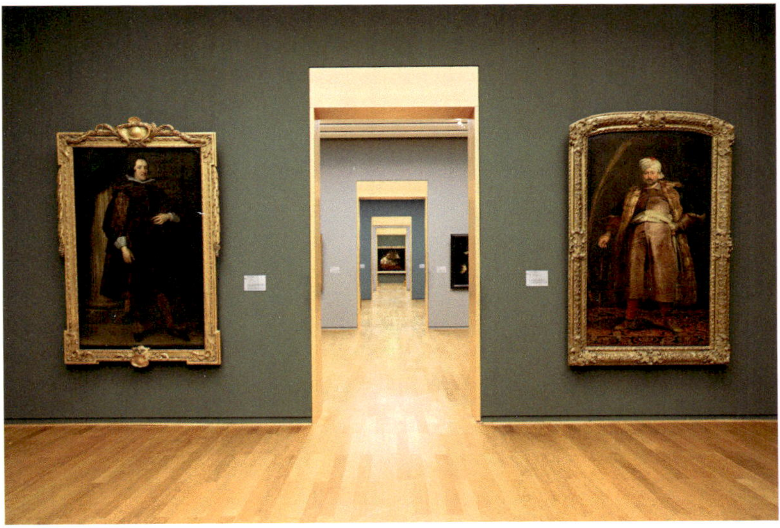

Kassel an einem Tag. Ein Stadtrundgang
Herausgegeben von Mark Lehmstedt

Text: Christine Lang-Blieffert, Wolfgang Blieffert
Lektorat: Kristina Schulze/Lehmstedt Verlag
Karte: OpenStreetMap-Mitwirkende, geodressing.de
Fotos: Theresa Serafin, außer: C. Felden/CC BY-SA 4.0 (S. 38), Nikolaus Frank/GRIMMWELT Kassel (S. 35), Arno Hensmanns/Museumslandschaft Hessen Kassel (S. 39, 47), Peter Mansfeld/Naturkundemuseum Kassel (S. 30), Museumslandschaft Hessen Kassel (S. 42), Müntinga & Puy Architekten (S. 12), Kira Nerys/CC BY-SA 4.0 (S. 44), Kai Österreich/CC BY-SA 4.0 (S. 16), Dieter Schachtschneider (S. 13), Wogner/CC BY-SA 4.0 (S. 17)
Gestaltung: Mareike Bardenhagen/Lehmstedt Verlag
Druck: druckhaus köthen GmbH & Co. KG, Köthen (Anhalt)

Umschlag:
1: Blick vom Bergpark auf Kassel
2: Schloss Wilhelmshöhe
3: Stadtansicht von Matthäus Merian, 1646
4: Stadtansicht, 1830
5: Rahmenbau von Haus-Rucker-Co
6: Stadtwappen am Rathaus

1. Auflage, 2017
ISBN 978-3-95797-049-7